BEI GRIN MACHT SICH IH
WISSEN BEZAHLT

- Wir veröffentlichen Ihre Hausarbeit,
  Bachelor- und Masterarbeit

- Ihr eigenes eBook und Buch -
  weltweit in allen wichtigen Shops

- Verdienen Sie an jedem Verkauf

Jetzt bei www.GRIN.com hochladen
und kostenlos publizieren

Kerim Hajji

Twitter als Jobbörse: Wie Unternehmen soziale Medien effizient für die Mitarbeiterakquise nutzen können

GRIN Verlag

Bibliografische Information der Deutschen Nationalbibliothek:

Die Deutsche Bibliothek verzeichnet diese Publikation in der Deutschen National-
bibliografie; detaillierte bibliografische Daten sind im Internet über http://dnb.d-
nb.de/ abrufbar.

Impressum:

Copyright © 2011 GRIN Verlag GmbH
Druck und Bindung: Books on Demand GmbH, Norderstedt Germany
ISBN: 978-3-656-31290-1

Dieses Buch bei GRIN:

http://www.grin.com/de/e-book/204039/twitter-als-jobboerse-wie-unternehmen-
soziale-medien-effizient-fuer-die

GRIN - Your knowledge has value

Der GRIN Verlag publiziert seit 1998 wissenschaftliche Arbeiten von Studenten, Hochschullehrern und anderen Akademikern als eBook und gedrucktes Buch. Die Verlagswebsite www.grin.com ist die ideale Plattform zur Veröffentlichung von Hausarbeiten, Abschlussarbeiten, wissenschaftlichen Aufsätzen, Dissertationen und Fachbüchern.

Besuchen Sie uns im Internet:

http://www.grin.com/

http://www.facebook.com/grincom

http://www.twitter.com/grin_com

Mohamed Kerim Hajji

Bachelorarbeit

Eine Analyse der Effizienz und der Kommunikationsmechanismen von Stellenangeboten im Bereich der Softwareentwicklung in Twitter

Vorgelegt in der Bachelorprüfung

im Studiengang Wirtschaftsinformatik

der Wirtschafts- und Sozialwissenschaftlichen Fakultät

der Universität zu Köln

Köln, August 2011

Inhaltsverzeichnis

Abbildungsverzeichnis

III

Tabellenverzeichnis

1. Einleitung

1.1 Problemstellung

Seit seinem Start im Jahre 2006, gewann der Microblogging-Dienst Twitter stetig an Bedeutung. Bereits jetzt, fünf Jahre nachdem die ersten Nachrichten in Twitter verschickt wurden, hat es sich als nützliches Tool für Unternehmen etabliert um mit Kunden in Kontakt zu treten, erwies sich aber auch für normale Nutzer nützlich, um mit Gleichgesinnten über die verschiedensten Thematiken zu diskutieren und sich über die gemeinsamen Interessen auszutauschen.[1] So ist es nicht verwunderlich, dass sich die verschiedensten communities of practice in Twitter gebildet haben und die Plattform nutzen, um sich innerhalb der jeweiligen Gemeinschaft auszutauschen und zu kommunizieren.[2]

Anfänglich als allgemeine Netzwerkanalyse informeller *communities of practice* zur Softwareentwicklung in Twitter gedacht, hat sich die Zielsetzung und somit auch die Problemstellung dieser Arbeit geändert, nachdem die über Twitter verschickten Nachrichten zur Softwareentwicklung einer ersten Analyse unterzogen wurden. Anhand dieser Analyse wurde deutlich, dass der Großteil der Nachrichten in Twitter, die sich thematisch mit Softwareentwicklung beschäftigen, Stellenangebote von Unternehmen sind.[3] Im weiteren Verlauf der Arbeit werden diese Nachrichten *Job-Tweets* genannt.

Die Frage, die sich bei der Betrachtung dieser Tatsache stellt ist, wieso Unternehmen ihre Mitarbeiter über Twitter rekrutieren. Welche Vorteile bringt diese unkonventionelle Vorgehensweise mit sich und wie effizient ist sie?

Da Twitter immer mehr zu einem wichtigen Informationsnetzwerk avanciert, ist diese Vorgehensweise der Unternehmen eine genauere Betrachtung wert. Sie zeigt auf, wie

---

[1] Vgl. Weinberg (2009), S. 125-126.

[2] Vgl. Twitter (2011) S. 1.

[3] Analysiert wurden die bis zum 28. Juli 2011 gesammelten Twitter-Textnachrichten, die inhaltlich die Softwareentwicklung thematisiert haben. Genauere Beschreibung in den Kapiteln 1.3 und 1.4.

ein Dienst wie Twitter professionell von Unternehmen für die verschiedensten Zwecke genutzt werden kann.

1.2 Ziel der Arbeit

Das Ziel dieser Bachelorarbeit ist es, die Effizienz von Stellenangeboten im Bereich der Softwareentwicklung, die von Unternehmen im deutschsprachigen Raum über die Plattform Twitter geschaltet werden, zu analysieren.

Es soll erarbeitet werden, welche Vorteile Unternehmen in der Schaltung von Stellenangeboten über Twitter sehen und wie bei solch einer Schaltung vorgegangen wird. Reicht es, nur die Informationen über die angebotene Arbeitsstelle zu kommunizieren, oder wird eine Art Kommunikationsmechanismus benötigt?

Welche Nutzergruppe reagiert auf die in Twitter geschalteten Stellenangebote? Lassen sich diese Nutzergruppen clustern, d.h., lassen sich die reagierenden Nutzer in bestimmter Weise gruppieren?

Des Weiteren soll untersucht werden, wie erfolgreich die Veröffentlichung von Stellenangeboten in Twitter ist. Wie viele Bewerber bewerben sich aufgrund des Stellenangebots in Twitter? Wie oft erfolgt die Einstellung eines Bewerbers, der über Twitter auf das Stellenangebot aufmerksam geworden ist?

1.3 Vorgehensweise

Mit Hilfe des Webcrawler-Programms Condor, wurden alle Tweets gesammelt, die mindestens einen der folgenden Suchbegriffe beinhalteten:

- Software engineering
- Software development
- Software developer
- Software project
- Softwareentwicklung

- Softwareentwickler
- Softwareprojekt

Diese wurden zunächst gefiltert, sodass nur Tweets übriggeblieben sind, die Stellenangebote von Unternehmen im deutschsprachigen Raum beinhalten.

Die nun gefilterten Tweets wurden im Rahmen dieser empirischen Bachelorarbeit einer weiteren Analyse unterzogen. Zum einen wurde der inhaltliche Aufbau der Tweets analysiert, zum anderen wurde überprüft ob, und wenn ja welche, Kommunikationsmechanismen eingesetzt sind.

Außerdem wurde ein Fragebogen konzipiert, der an die Unternehmen weitergeleitet wurde die verstärkt Stellenangebote über Twitter schalten. Mit Hilfe dieses Fragebogens wurde überprüft, welche Vorteile Unternehmen in der Schaltung von Stellenangeboten über Twitter sehen, wie effizient ein derartiges Vorgehen ist und wer auf die Job-Tweets reagiert.

Abschließend wurden alternative Vorgehensweisen erarbeitet, die die Effizienz solcher Stellenangebote über Twitter steigern könnten.

1.4   Datengrundlage dieser Arbeit

Dieser Arbeit liegen zum einen die gesammelten Tweets und zum anderen die Antworten der Unternehmen auf den Fragebogen zu Grunde. Insgesamt 6807 Tweets wurden im Zeitraum vom 17. Juni 2011 bis zum 28. Juli 2011 mit Hilfe von Condor gesammelt. Diese Tweets sind allerdings nicht alle für diese Arbeit brauchbar. Von den 6807 Tweets stammen 3182 aus dem deutschsprachigen Raum, wo von lediglich 2068 Tweets Stellenangebote beinhalten. Diese 2068 Tweets wurden für diese Arbeit analysiert und genauer betrachtet.

Aus diesen Tweets wurden die Unternehmen ausgewählt und angeschrieben, die Twitter oft für die Veröffentlichung von Stellenangeboten nutzen. Von den 59 angeschriebenen Unternehmen nahmen 33 an der Umfrage teil. Jedoch waren unter diesen 33 Teilnahmen einige unbrauchbare Angaben dabei, sodass schließlich 26 brauchbare Umfrageergebnisse übrig blieben. Bei den Umfrageergebnissen muss allerdings angemerkt werden, dass nur die erste Hälft des Fragebogens, die den Erfolg von Job-Tweets thematisiert, von allen 26 Unternehmen beantwortet wurde. Die zweite Hälfte, mit Fragen zu den reagierenden Nutzern, wurde nur noch von 15 Unternehmen beantwortet.

Dieser Arbeit liegen also 2068 Job-Tweets und 26 bzw. 15 von Unternehmen ausgefüllte Fragebögen zu Grunde.

1.5   Ergebnisse dieser Arbeit

Nach der Analyse der beantworteten Fragebögen wurden die daraus resultierenden Umfrageergebnisse zusammengetragen. Diese Umfrageergebnisse bilden die Basis zur Beantwortung der Fragen, welche Vorteile die Unternehmen in Twitter sehen, wie erfolgreich solch ein Vorgehen ist und welche Nutzergruppen auf die Job-Tweets reagieren.

Des Weiteren wurden die markanten Eigenschaften beim inhaltlichen Aufbau der Job-Tweets zusammengetragen und die Methoden und Vorgehensweisen bei der Erstellung der Tweets bestimmt. Eventuell vorhandene Kommunikationsmechanismen wurden dabei identifiziert und ein Vergleich zwischen den Job-Tweets von Unternehmen und denen der Jobbörsen gezogen.

Schließlich wurden noch Vorschläge alternativer Vorgehensweisen zur Steigerung der Effizienz bei der Schaltung von Stellenangeboten über Twitter gegeben und ein Modell entwickelt, dass dabei hilft einen optimalen Job-Tweet zu verfassen.

1.6   Begriffserklärung

Die vorliegende Arbeit enthält Begriffe, welche im Folgenden definiert werden sollen. Sie stellen im Wesentlichen die Fachbegriffe dar, die im Titel der Bachelorarbeit verwendet werden.

1.6.1 Netzwerkanalyse

Für den Begriff der Netzwerkanalyse gibt es verschiedene Definitionsmöglichkeiten. Zum einen ist sie eine Ansammlung mehrerer statistischer Instrumente zur Analyse eines Netzwerks von Menschen, zum anderen kann sie als Theorieperspektive verstanden werden, welche den Einfluss eines Netzwerks auf die Handlungsmöglichkeiten eines Individuums innerhalb dieses Netzwerks analysiert. [4] [5]

Der Fokus einer Netzwerkanalyse liegt meist auf den Beziehungen zwischen den einzelnen Mitgliedern, den Akteuren, eines Netzwerks. Sie liefert vor allem neue Erkenntnisse, die bei der Beantwortung von Forschungsfragen der Sozial- und Verhaltenswissenschaften eine Rolle spielen. [6]

Neben der Analyse der sozialen Beziehungen zwischen Akteuren, umfasst die Netzwerkanalyse auch die systematische Erhebung und Auswertung empirischer Daten, deren graphische Präsentation und die Abstraktion dieser Daten mit Hilfe von mathematischen und computergestützten Modellen. [7]

1.6.2 Twitter und Tweets

Twitter ist ein kostenloser, im Jahre 2006 gestarteter Microblogging-Dienst, der den Nutzern ermöglicht über Textnachrichten miteinander zu kommunizieren. Diese Textnachrichten, genannt *Tweets* oder *Updates*, sind auf eine Länge von maximal 140 Zeichen begrenzt und sollten Anfangs von den Nutzern als Antwort auf die Frage „Was tust du gerade" verfasst werden.[8]

---

[4] Vgl. Jansen (2006), S. 11.

[5] Vgl. Wasserman, Faust (2009), S. 4-5.

[6] Vgl. Wasserman, Faust (2009), S. 3.

[7] Vgl. Freeman (2004), S. 3.

[8] Vgl. Weinberg (2009), S. 125-126.

Mittlerweile ist Twitter mit täglich über 200 Millionen Tweets zu einem bedeutenden sozialen Informationsnetzwerk herangereift und sowohl für normale Nutzer als auch für Unternehmen interessant. Der anfängliche Sinn eines Tweets hat sich seit dem Start der Plattform mit der Zeit und dem rasanten Wachstum weiterentwickelt. Es wird nicht mehr nur über die gerade ausgeübte Aktivität, sondern auch vorwiegend über aktuelle Geschehnisse kommuniziert. [9]

1.6.3 Follower

Die Tweets können von anderen Nutzern abonniert werden und erscheinen dann nicht nur auf der Profilseite des verfassenden Nutzers, sondern auch auf der Startseite der Abonnenten. Diese Abonnenten werden dabei auch *Follower* genannt und benötigen, bis auf einen internetfähigen Browser, keine weitere Software, um den Tweets der favorisierten Nutzer zu folgen.[10]

Die Anzahl von Followern je Nutzer ist stark abhängig davon, über welche Themen dieser Nutzer *tweetet* und welchen Bekanntheitsgrad er hat. Ich habe z.B. nur 101 Follower, wohingegen dem amerikanische Präsident Obama 9.824.452 andere Nutzer folgen.[11]

1.6.4 Communities of practice

Eine community of practice beschreibt ein soziales Netzwerk von Menschen, die ähnlichen und meist arbeitsbezogenen Aktivitäten und Interessen nachgehen. [12] Dieses Netzwerk definiert eine „Wissensgemeinschaft", welche hauptsächlich aus Angestellten und Fachleuten besteht, die sich über Unternehmensgrenzen hinweg über ihre Interessen und Aktivitäten informieren und austauschen.

---

[9] Vgl. Twitter (2011), S. 1.

[10] Vgl. Alby (2008), S. 114-115.

[11] Abgerufen am 25.08.2011.

[12] Vgl. zu diesem und dem folgenden Satz Laudon, Laudon, Schoder (2010), S. 672.

Dadurch, dass die Mitglieder einer solchen Gemeinschaft dieselben Ziele verfolgen, interagieren sie innerhalb dieser Gemeinschaft verstärkt miteinander und bilden dadurch soziale Konventionen und Gepflogenheiten, die das Handeln in einer community of practice bestimmen. [13]

---

[13] Vgl. Wenger (1999), S. 45.

8

2. Analyse der Tweets

„Was tust du gerade?". Auf diese Frage sollte ursprünglich in einem Tweet geantwortet werden. Bestehend aus maximal 140 Zeichen, werden diese Tweets mittlerweile auch von Unternehmen verwendet, um potenzielle Bewerber anzuziehen. Doch wie genau gehen die Unternehmen dabei vor? Wie wird solch ein Job-Tweet aufgebaut und was passiert nach der Veröffentlichung des Stellenangebots? Gibt es Mechanismen, mit der die Aufmerksamkeit von Interessenten angezogen wird? Um diesen Fragen nach zu gehen, werden die gesammelten Tweets genauer betrachtet und auf die drei Aspekte hin untersucht.

2.1 Inhaltlicher Aufbau der Tweets

Um möglichst viele Interessenten auf das Stellenangebot aufmerksam zu machen, müssen die Job-Tweets ansprechend strukturiert und aufgebaut werden. Dabei verfolgt jedes Unternehmen eine andere Strategie. Die Gestaltung der Tweets orientiert sich an den jeweiligen Interessenschwerpunkten der Unternehmen. Die Faktoren, die bei der Gestaltung einen Einfluss haben, sind vielfältig und reichen vom Einsatzort bis hin zu den geforderten Qualifikationen für die entsprechende Stelle.

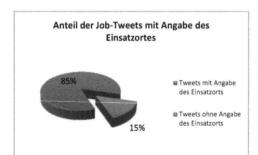

Eine Gemeinsamkeit, die ein Großteil der Tweets Inne hat, ist die Angabe des Einsatzortes. Werden Mitarbeiter für mehrere verschiedene Einsatzorte gesucht, so werden alle angegeben. Diese Angabe

Abb. 2-1 : Anteil der Job-Tweets mit Angabe des Einsatzortes

wird von vielen Unternehmen als notwendig angesehen, da sie dem potenziellen Bewerber direkt vermittelt, wo momentan Mitarbeiter gesucht werden. Dadurch wird eine erste Filterung der Interessenten erreicht, da sich nur diejenigen angesprochen fühlen und sich weiter über die angebotene Stelle informieren, die gewillt sind an diesem Einsatzort zu arbeiten. Allen anderen wird somit verdeutlicht, dass sie für diese Stelle ungeeignet sind. Dabei spielt es keine Rolle wie und wo die Angabe über den Einsatzort erfolgt. Einige nennen ihn zu Beginn des Tweets, andere zum Schluss und wiederum andere bauen den Einsatzort in den Kontext des Stellenangebots mit ein. Der Effekt bleibt der Selbe. Die folgenden Beispiele zeigen verschiedene Varianten, wie der Einsatzort in den Tweet eingebaut werden kann.

Nr.	User	Tweet
1	DISAG_IT_NORD	Top-Job in Bremen: http://bit.ly/nN6la7 #Softwareentwicklung #Jobs #PHP #Web
2	stellangab	Stelle Teamleiter (w/m) Softwareentwicklung: Köln	http://bit.ly/raPoFE
3	ITJobsGermany	Ihre Möglichkeit als Quereinsteiger in der Softwareentwicklung München http://bit.ly/nx5aPL #itjobs #itstellen
4	gft_de	Wir suchen einen erfahrenen .Net Softwareentwickler/ IT-Consultant (m/w) in #Frankurt oder #Bonn http://bit.ly/qCRZO3 #job
5	Goetzfried_Jobs	#jobs Senior Softwareentwickler (m/w) (Java, Rest, UML) - Telko: Ort: 76*** http://tinyurl.com/3bmjlv6

Tab. 2-1:   Beispiele für die verschiedenen Varianten der Einbeziehung des Einsatzortes

Um die Interessentengruppe weiter zu filtern, sodass sich am Ende nur noch die passenden und für diese Stelle qualifizierten Nutzer interessieren, bedienen sich einige Unternehmen einer weiteren Methode. Sie geben neben dem Einsatzort auch die speziellen Anforderungen für diese Stelle an. So wird zusätzlich zur Stellenbezeichnung ebenfalls angegeben, welche Programmiersprache oder Programme der Bewerber beherrschen oder in welchem speziellen Bereich er qualifiziert sein muss. Dadurch werden nur die Nutzer angesprochen, die auch tatsächlich diese Anforderungen erfüllen. Diese Maßnahme wird verwendet, um die Qualität der Bewerber zu steigern, wodurch jedoch die Quantität gemindert wird.

Diese Angabe findet sich allerdings nicht so häufig in den Tweets wieder, wie die Angabe des Einsatzortes. Lediglich in 40% der Tweets wird eine spezielle Anforderung genannt.

Diese Tatsache erweckt den Eindruck, dass der Großteil der Unternehmen in erster Linie darauf bedacht ist eine größere Anzahl von Bewerbern auf eine offene Stelle zu generieren und erst in einer späteren Phase des Bewerbungsprozesses auf die Qualifikationen der Bewerber eingeht.

Anteil der Job-Tweets mit Angabe der Anforderungen	Vergleich zwischen dem Anteil der Tweets mit Angabe des Einsatzorts und der Anforderungen
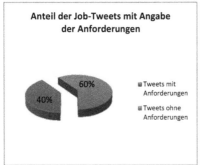	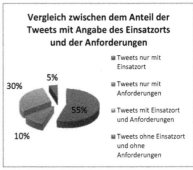

Abb. 2-2 :   Anteil der Job-Tweets mit Angabe der Anforderung

Abb. 2-3 :   Vergleich zwischen dem Anteil der Tweets mit Angabe des Einsatzorts und der Anforderungen

Eine Maßnahme, die in den meisten Tweets Verwendung findet und der Aufmerksamkeitssteigerung dient, ist die Benutzung von sogenannten Hashtags. Diese Hashtags werden verwendet, um Schlagworte oder Themen in einem Tweet zu markieren und alle Tweets mit demselben Hashtag zu bündeln. Um einen Begriff als Hashtag zu markieren, wird ihm voran ein Raute Zeichen (#) gesetzt. Klickt ein Nutzer nun einen Hashtag in einem Tweet an, werden ihm alle Tweets mit diesem Hashtag angezeigt. Diese Eigenschaft machen sich die Unternehmen zu Nutzen und setzen geschickt mehrere Hashtags in die Job-Tweets. Die beiden beliebtesten Hashtags dabei sind *#job* und *#jobs*. Jedoch werden auch die Einsatzorte oder speziellen Anforderungen mit einem Hashtag versehen, um mehr Interessenten zu erreichen und diese für sich zu gewinnen.

Dabei setzen einige Unternehmen auch auf eine legere Ausdrucksweise, bei der der Nutzer direkt angesprochen und zum Handeln aufgefordert wird. Durch diese persönliche Handlungsaufforderung entsteht eine persönlichere Beziehung zwischen dem Nutzer und dem Unternehmen, die bewirkt, dass sich der Nutzer schneller mit dem Unternehmen identifiziert und auf die Stelle bewirbt.

Nachdem die Nutzer nun soweit gefiltert wurden, dass lediglich eine Gruppe von geeigneten Interessenten dem Job-Tweet ihre Aufmerksamkeit schenkt, muss das Unternehmen dafür sorgen, dass sich die Interessenten auch tatsächlich auf die angepriesene Stelle bewerben können. Dabei wird auf zwei verschiedene Vorgehensweisen gesetzt.

Bei der ersten Möglichkeit werden die Leser des Job-Tweets über einen eingebauten Link im Tweet auf eine ausführliche Stellenbeschreibung weitergeleitet. Dort werden alle benötigten Informationen vermittelt und die Möglichkeit gegeben, sich zu bewerben, sei es über eine Online-Bewerbung oder durch die Angabe einer E-Mail Adresse, an die die Bewerbung geschickt werden soll.

Die zweite Möglichkeit wird seltener verwendet und überspringt die ausführliche Stellenbeschreibung. Der Leser wird ohne Umwege über einen im Tweet eingebauten Link auf die Online-Bewerbung weitergeleitet.

Bewirbt sich ein Nutzer, wurde das Ziel der Unternehmen erreicht und die Einstellung eines Bewerbers kann erfolgen.

2.2 Die Kommunikationsmechanismen

Der Tweet ist nun verfasst und die ersten Nutzer schenken ihm Aufmerksamkeit. Darauf folgt nun der nächste Schritt. Um den maximalen Nutzen aus einem Job-Tweet zu ziehen, müssen die Unternehmen versuchen diesen so weit wie nur möglich zu verbreiten. Das Ziel ist es, die Reichweite dieses Tweets zu erhöhen und zu maximieren. Um dieses Ziel zu erreichen, gibt es verschiedene Mechanismen.

Der einfachste Weg, den Tweet zu verbreiten, ist ihn mehrmals zu veröffentlichen oder den eigenen Tweet zu retweeten[14]. Dadurch wird die Wahrscheinlichkeit erhöht, dass er von allen Followern gelesen wird und dass es bei einer Suche, zum Beispiel über

---

[14] Ein *Retweet* ist ein Mechanismus bei Twitter, der es ermöglicht die Tweets von anderen Nutzern an die eigenen Follower weiterzuleiten bzw. weiterzutweeten. Dadurch können die eigenen Follower diese Tweets lesen und werden so auf den Verfasser dieser Tweets aufmerksam.

einen Hashtag, gefunden wird. Dabei wird der Selbe Tweet entweder direkt mehrmals hintereinander, oder mit einigen Stunden oder Tagen Abstand erneut veröffentlicht. Die effektivere Methode der beiden ist Letztere, da bei einer mehrmaligen Veröffentlichung unmittelbar hintereinander die Leserschaft größtenteils dieselbe bleibt und nur wenige neue Leser dazu kommen, während man bei einer mehrmaligen Veröffentlichung mit einem größeren zeitlichen Abstand davon ausgehen kann, dass die Tweets eine breitere Masse erreichen.

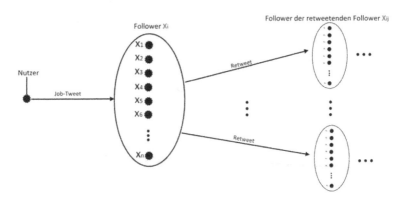

Abb. 2-4 :   Der Retweet-Mechanismus

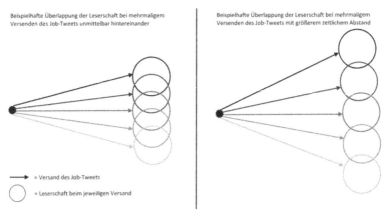

Abb. 2-5 :   Überlappung der Leserschaft bei mehrmaligem Veröffentlichen eines Tweets

Dabei muss der Tweet nicht zwingend über den Selben Nutzeraccount nochmals versendet werden. In vielen Fällen besitzt ein Unternehmen mehrere Twitteraccounts, meistens auch einen separaten Account für die Veröffentlichung von Stellenangeboten. Diese Begebenheit nutzen die Unternehmen und veröffentlichen die Job-Tweets über die verschiedenen Accounts.

Das Anlegen von mehreren Accounts hat einen weiteren Nutzen, der die Reichweite eines Tweets erhöht. Neben der bereits erwähnten Möglichkeit zusätzlich zum Hauptaccount einen Account zur Veröffentlichung von Stellenangeboten anzulegen, verfolgen einige Unternehmen mit dieser Methodik ein weiteres Ziel und legen für diesen Zweck multiple Accounts an. Der Sinn dieser Accounts besteht nicht nur darin einen Tweet mehrfach zu veröffentlichen, sondern dienen diese Accounts auch dazu spezielle Gruppen direkt anzusprechen. Dabei kann es sich um regionale oder auch um zielgruppenspezifische Accounts handeln. So gibt es zum Beispiel spezielle Accounts für Studenten, über die nur für diese Zielgruppe relevante Stellenangebote veröffentlicht werden. Bei überregional agierenden Unternehmen kommt es öfters vor, dass regionale Accounts angelegt werden. Die *Rengo Jobs AG* hat beispielsweise u.a. den Account *Rengo_Jobs_DE*, über den Stellenangebote in Deutschland veröffentlicht werden, und *Rengo_Jobs_CH* für Stellenangebote in der Schweiz.

Mit dieser Methode versuchen Unternehmen auch die Nutzer zu erreichen, die bei der Benutzung des normalen Hauptaccounts unter Umständen nicht erreicht werden. Durch das Einsetzen von nutzerspezifischen Accounts werden Reize gesetzt, die diese Nutzergruppe dazu bewegen sollen den Tweets, die über diesen speziellen Account gesendet werden, Aufmerksamkeit zu schenken. Diese Reize vermitteln dem Nutzer, dass dieser Account speziell angelegt wurde, um mit ihm in Kontakt zu treten. Sie sorgen dafür, dass der Nutzer aktiviert[15] wird und den Tweets dieses Accounts Aufmerksamkeit schenkt. Dieses Vorgehen erinnert stark an die Stimulus-Response-Theorien oder auch an das weiterentwickelte Stimulus-Organism-Response-Modell.

---

[15] Die *Aktivierung* eines Menschen kann durch einen gezielten Reizeinsatz erzielt werden. Diese Aktivierung ist ein Gemütszustand und treibt unser Handeln an. Sie kann am besten mit „Erregung" oder „innerer Spannung" beschrieben werden. Je aktivierter ein Mensch ist, umso stärker sind die Aufmerksamkeit und die Bereitschaft zum Handeln. (vgl. Esch, Herrmann, Sattler (2008), S. 41-43).

Beide besagen, dass ausgehend von einem Stimulus, also einem gezielten Reiz, die Aufmerksamkeit eines Menschen erregt und dieser so aktiviert wird. Dabei werden seine biologischen Triebe und Emotionen angesprochen, über die er keine Kontrolle hat.[16] Das Stimulus-Organism-Response-Modell geht dabei verstärkt auf die Vorgänge ein, die während und nach dem Reiz in einem Organismus stattfinden.[17] Es beobachtet und beeinflusst die Motivation und die Einstellung, die eine Person zum Handeln bewegen.

Dadurch, dass der Account somit ausschließlich auf eine Zielgruppe fixiert ist, kann der Inhalt der über diesen Account versendeten Tweets exakt auf die Zielgruppe angepasst werden. So fühlen sich die Nutzer dieser Zielgruppe angesprochen und interagieren eher mit dem Unternehmen. Wird also über diesen Account ein Stellenangebot veröffentlicht, erreicht dieser Tweet sofort die richtige Zielgruppe.

Diese Bindung an das Unternehmen kann genutzt werden um die Reichweite eines Job-Tweets weiter zu erhöhen. In einigen dieser Tweets lässt sich ein Appell an die Leser finden, diesen Tweet zu retweeten. Mit dieser Maßnahme kann die Reichweite eines Tweets massiv gesteigert werden, je nachdem wie oft und von wem der Tweet retweetet wird.

Nr.	User	Tweet
1	MARKEMARGHESCU	Bitte in Fachkreisen retweeten: B+K sucht dringend #Fachinformatiker in #München. #Softwareentwicklung #Energie http://bit.ly/lv7x4F
2	TECIT	Softwareentwickler gesucht! Weitersagen oder selbst bewerben: http://t.co/QVz40vl #Job #Arbeit #Developer #Steyr #Bewerbung

Tab. 2-2:   Job-Tweets mit Appell zum retweeten

Stellen wir uns zur Verdeutlichung dieses Sachverhalts ein fiktives Unternehmen vor. Dieses Unternehmen besitzt einen Twitteraccount mit 1500 Followern über den regelmäßig Stellenangebote veröffentlicht werden. Diese Stellenangebote haben folglich eine Reichweite von 1500 Followern. Retweeten die eigenen Follower nun

---

[16] Vgl. Schenk (2007), S.24-31.

[17] Vgl. zu diesem und zum nachfolgenden Satz Esch, Hermann, Sattler (2008), S.41-59.

einen Job-Tweet, kann die Reichweite schnell erhöht werden. Nehmen wir an, lediglich zehn Follower, die selber jeweils 500 eigenen Follower haben, retweeten den Tweet. Bereits jetzt hätte der Job-Tweet eine kumulierte brutto Reichweite von 6500 Followern. Geht man davon aus, dass der Tweet von mehr als zehn Nutzern retweetet wird, wird schnell eine fünf- wenn nicht sogar eine sechsstellige Reichweite erreicht. Dieses Beispiel ist natürlich extrem vereinfacht, doch zeigt es das Potenzial auf, das im Mechanismus des Retweetens steckt und wie man es nutzen kann. Die folgende Abbildung zeigt diesen Mechanismus an einem realen Beispiel.

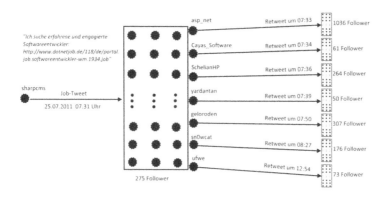

Abb. 2-6 :   Beispiel des Retweet-Mechanismus anhand des Nutzers *sharpcms*

In etwas über fünf Stunden wurde die Reichweite durch sieben Retweets von den anfänglichen 275 Followern auf 2242 um mehr als das Achtfache erhöht.

Unabhängig davon, ob im Job-Tweet die Follower zum Retweeten aufgefordert werden oder nicht, lässt sich im Twitter Netzwerk ein weiteres Phänomen beobachten, welches zur Verbreitung von Job-Tweets beiträgt. Einige Nutzer haben sich darauf spezialisiert alle Job-Tweets für eine bestimmte Region zu retweeten. So hat sich der Nutzer *BayernRT* u.a. darauf spezialisiert, alle Job-Tweets in denen ein Ort in und um Bayern als Einsatzort angegeben ist, zu retweeten. Solche Nutzer erfreuen sich großer Beliebtheit im Twitter Netzwerk, die sich auch in der Anzahl der Follower wiederspiegelt.[18] Wird ein Job-Tweet von solch einem Nutzer retweetet, erhöht sich die Reichweite schlagartig um ein Vielfaches. Eine gute Chance, besonders für kleinere Unternehmen, die eine geringe Anzahl von Followern und somit auch eine geringe Reichweite haben, um mehr Aufmerksamkeit zu erhalten.

Zusammenfassend lässt sich festhalten, dass es vier Mechanismen gibt, die die Reichweite eines Job-Tweets erhöhen. Zum einen sollte der Job-Tweet mehrmals veröffentlicht bzw. der eigenen Tweet retweetet werden. Außerdem sollten mehrere, zielgruppenspezifische Accounts angelegt werden und an die eigenen Follower appelliert werden, den Job-Tweet zu retweeten. Als letzte Maßnahme sollte der Job-Tweet so gestaltet werden, dass er von Nutzern retweetet wird, die sich auf bestimmte Regionen spezialisiert haben. Alle vier Mechanismen beachtet, wird die Reichweite eines Job-Tweets maximiert.

2.3 Ein Vergleich zwischen den Tweets von Jobbörsen und anderer Unternehmen

Nicht nur für die Rekrutierung von neuen Mitarbeitern werden Job-Tweets in Twitter genutzt. In den vorherigen Kapiteln wurden allerdings genau diese Tweets betrachtet. Eine Vielzahl von Tweets mit Stellenangeboten zur Softwareentwicklung stammt von Jobbörsen, deren Betreiber nicht darauf abzielen selber neue Mitarbeiter zu rekrutieren, wie die anderen Unternehmen. Sie nutzen Twitter vielmehr um einfach auf die Stellenangebote, die auf ihrer Plattform verfügbar sind, aufmerksam zu machen und um diese zu verbreiten. Dabei unterscheiden sie sich in der Vorgehensweise und im Aufbau der Job-Tweets in einigen Punkten von den Unternehmen, die über Twitter neue Mitarbeiter rekrutieren wollen, wobei sie auch einiges gemeinsam haben.

Im Grunde verfolgen die Jobbörsen beim inhaltlichen Aufbau der Tweets dieselben Richtlinien wie die anderen Unternehmen auch. Eine Angabe, die gleichermaßen sowohl in den Tweets der Jobbörsen, als auch in den Tweets der anderen

---

[18] Der Nutzer *BayernRT* hat, mit Stand vom 25.08.2011, *1739 Follower.*

Unternehmen oft zu finden ist, ist die Angabe des Einsatzortes. Auch die Jobbörsen erhoffen sich durch diese Angabe eine Filterung der Interessenten. Im Gegensatz zu den Tweets der anderen Unternehmen findet diese Angabe jedoch öfter Verwendung. Der Grund dafür ist, dass die Tweets der Jobbörsen automatisiert erstellt und verschickt und deswegen immer gleich aufgebaut werden. Jede Jobbörse hat ihr eigenes Muster, wonach die Tweets erstellt werden. In diesen Mustern hat der Einsatzort seinen festen Platz, wodurch er bei jedem Job-Tweet der Jobbörse genannt wird. Aus diesem Grund lässt sich auch immer ein Link zur ausführlichen Stellenbeschreibung in den Tweets finden. Meist am Ende aufgeführt, verweist der Link auf den Eintrag des Stellenangebots auf der jeweiligen Plattform. Diese Angabe hat zur Folge, dass die Jobbörse unter den Arbeitsuchenden an Bekanntheit gewinnt und bei Gefallen womöglich öfter genutzt wird. Obwohl jede Jobbörse ihre Tweets nach einem anderen Muster gestaltet, sind die Bestandteile meist identisch. Neben der Stellenbezeichnung, dem Einsatzort und dem Link zur Stellenbeschreibung, sind auch die geforderten Fähigkeiten und Qualifikationen ein fester Teil der Job-Tweets von Jobbörsen. Eine weitere Gemeinsamkeit zu den Job-Tweets der anderen Unternehmen.

Aufgrund dieses standardisierten und automatisierten Aufbaus der Tweets, haben die Jobbörsen keinen Spielraum um die Tweets bei Bedarf umzustrukturieren. Dadurch sind sie, im Gegensatz zu den anderen Unternehmen, nicht in der Lage den Tweet der Zielgruppe anzupassen oder die Interessenten durch eine legere Ausdrucksweise für das Stellenangebot zu begeistern. Meist haben die Tweets noch nicht einmal einen vollständigen Satzbau, sondern bestehen lediglich aus einzelnen Schlagworten, die die wichtigsten Angaben darstellen. Diese Angaben werden, wie bei den anderen Unternehmen, auch bei den Jobbörsen überwiegend mit Hashtags versehen. Dabei sind es meist die Einsatzorte und die geforderten Fähigkeiten, die mit einem Hashtag verbunden werden. Ebenfalls wie bei den anderen Unternehmen, dienen die Hashtags auch hier zur Verbreitung der Tweets.

Eine Eigenheit, die man nur bei den Tweets der Jobbörsen beobachten kann, ist eine Abkürzung der Tweets durch drei Punkte. Diese Abkürzung entsteht durch die Limitierung der Tweets auf 140 Zeichen. Dadurch werden die Verfasser der Tweets gezwungen sich kurz zu halten oder, wie im Falle der Jobbörsen, den Tweet verkürzt zu versenden. Diese Verkürzung resultiert aus der automatisierten Erstellung der Tweets.

Die Kommunikationsmechanismen stellen einen Bereich dar, in dem sich die Jobbörsen in ihrer Vorgehensweise signifikant von anderen Unternehmen unterscheiden. Im Gegensatz zu den anderen Unternehmen setzen die Jobbörsen nicht auf Retweets. So retweeten sie ihre eigenen Tweets nur in den seltensten Fällen und fordern ihre Follower auch nicht zum Retweeten auf. Nichtsdestotrotz werden auch hier die Job-Tweets unaufgefordert von verschiedenen Nutzern retweetet. Durch die Angabe des Einsatzortes erfolgt der Retweet nicht nur durch die eigenen Follower, sondern auch durch die im vorherigen Kapitel vorgestellten speziellen Nutzer, die sich auf eine bestimmte Region fokussiert haben. Allerdings nutzen Jobbörsen zur Verbreitung der Tweets vermehrt multiple und meist auch nutzerspezifische Accounts, über die die Job-Tweets öfters veröffentlicht werden. Diese Methode nutzen Jobbörsen im Vergleich zu den anderen Unternehmen stärker. Dabei sind es spezielle Accounts für eine Region, oder spezielle Accounts für die unterschiedlichen Zielgruppen.

Von den vier identifizierten Kommunikationsmechanismen im vorherigen Kapitel nutzen die Jobbörsen also lediglich zwei, um die Reichweite des Tweets zu erhöhen. Sie nutzen mehrere Accounts und ihre Tweets werden von den Nutzern retweetet, die sich auf eine bestimmte Region fokussiert haben. Beim inhaltlichen Aufbau befolgen sie jedoch dieselben Richtlinien wie die anderen Unternehmen, wenngleich die Tweets automatisiert erstellt, bei Bedarf verkürzt und verschickt werden.

3. Auswertung der Fragebögen

Bei der Analyse der Job-Tweets bedarf die Effizienz dieser Tweets einer genaueren Betrachtung. Lohnt es sich Stellenangebote über Twitter zu veröffentlichen? Wo sehen die Unternehmen die Vorteile bei solch einem Vorgehen und wer reagiert auf diese Stellenangebote? Anhand eines Online-Fragebogens wurde diese Effizienz hinterfragt, sowie die reagierenden Nutzergruppen identifiziert.

Der Fragebogen wurde an Unternehmen weitergeleitet, die auch tatsächlich Stellenangebote über Twitter veröffentlicht haben. Die Unternehmen wurden auf verschiedene Weise zum Teilnehmen aufgefordert. Zum einen wurden alle als relevant betrachteten Unternehmen direkt in Twitter angeschrieben, zum anderen wurde eine Anfrage an die offizielle Kontakt E-Mail Adresse geschickt oder ein Kontaktformular benutzt. Die gesammelten Antworten bilden die Basis, mit der die Fragen in diesem Kapitel beantwortet werden.

3.1 Vorteile der Schaltung eines Stellenangebots in Twitter aus Unternehmenssicht

Die Veröffentlichung von Stellenangeboten auf Twitter bringt aus Unternehmenssicht viele Vorteile mit sich. Darin sind sich alle befragten Unternehmen einig. Die meisten Unternehmen sind sich auch darin einig, welche Vorteile Twitter gegenüber anderer Plattformen und Methoden hat. Einige wenige Unternehmen führen noch weitere Vorteile des Twitternetzwerks an, die das Potenzial dieser Plattform unterstreichen.

Der meist genannte Grund, wieso auf Twitter gesetzt wird, ist die Erhöhung der Reichweite der Tweets. Durch diese Erhöhung steigt die Anzahl der Interessenten und Bewerber, was dazu führt, dass die Bekanntheit des eigenen Unternehmens gesteigert wird. Dem Unternehmen wird mehr Aufmerksamkeit entgegengebracht, was in vielerlei Hinsicht von großem Nutzen sein kann. Neben der Rekrutierung von Mitarbeitern kann diese gesteigerte Bekanntheit auch für andere Bereiche des Unternehmens förderlich sein. Es ergibt sich ein Synergieeffekt, bzw. in erster Linie ein Synergiepotenzial. Ein Beispiel, wie diese neue Synergie von Vorteil sein kann, kann anhand der Neukundenakquise verdeutlicht werden. Durch die gestiegene Bekanntheit des Unternehmens können potenzielle Neukunden erreicht, auf die Webseite des Unternehmens gezogen und auf die angebotenen Leistungen aufmerksam gemacht werden. Nimmt ein neuer potenzieller Kunde eine Leistung in Anspruch, war die Akquirierung erfolgreich und maßgeblich aufgrund der gesteigerten Bekanntheit durch die Veröffentlichung von Stellenangeboten auf Twitter möglich.

Für viele Unternehmen stellt Twitter einen zusätzlichen Kanal dar, der ihnen ermöglicht die Reichweite ihrer Stellenangebote zu erhöhen. Diese Angabe lässt den Schluss zu, dass diese Unternehmen eine Crossmedia Kampagne zur Einstellung von neuen Mitarbeitern führen. Crossmedia Kampagnen sind Bestandteil des Social Media Marketings, in denen verschiedene Medienkanäle parallel zueinander eingesetzt werden, um so eine möglichst große Reichweite zu erzielen. Die eingesetzten Medienkanäle reichen dabei von konventionellen Printmedien bis hin zu Online-Medien wie Twitter oder Facebook. Letzteres wird z.B. von der *BMW Group* gerne verwendet. Auf der Facebook-Seite der *BMW Group* findet sich sogar eigens eine Unterseite für Softwarejobs. Selbst im Twitterprofil der *BMW Group* wird auf die Facebook-Seite hingewiesen, was den Eindruck erweckt, dass die *BMW Group* in Facebook die erfolgversprechendere Plattform sieht.

Abb. 3-1 :   Facebook-Seite der BMW Group

Twitter wird also oft als Teil einer Crossmedia Kampagne eingesetzt, um so über möglichst viele Medienkanäle möglichst viele Personen zu erreichen. Das weitere Vorgehen bei einer Crossmedia Kampagne wird an dieser Stelle allerdings nicht näher behandelt, da es nicht Thema dieser Arbeit ist und den Umfang Selbiger sprengen würde.

Weitere Vorteile, die öfters genannt wurden, sind die Einfachheit und Schnelligkeit bei der Erstellung von Job-Tweets. Lediglich ein Twitteraccount wird benötigt, um die Stellenangebote versenden zu können. Der Account ist schnell angelegt und Tweets können einfach verschickt werden, sodass die Rekrutierung von neuen Mitarbeitern über Twitter ihren Lauf nehmen kann. Einmal veröffentlicht, zieht der Job-Tweet rapide und von alleine die Aufmerksamkeit von Interessenten auf sich. Will man nun noch den größten Nutzen aus dem Vorhaben ziehen, muss der Tweet inhaltlich richtig aufgebaut und geeignete Kommunikationsmechanismen eingesetzt werden.

Neben der Einfachheit und Schnelligkeit, sind auch die Kosten ein ausschlaggebender Faktor, wieso viele Unternehmen bei der Veröffentlichung von Stellenangeboten auf Twitter setzen. Dadurch, dass das Erstellen eines Twitteraccounts und das Versenden von Tweets kostenlos sind, stellt es eine kostengünstige Möglichkeit dar, Stellenangebote einer breiteren Masse vorzustellen. Es kann zusätzlich zu anderen Methoden zur Rekrutierung von Mitarbeitern eingesetzt werden, ohne weitere Kosten zu verursachen. Darüber hinaus ist diese Vorgehensweise kostengünstiger als andere gängige Methoden, wie zum Beispiel der Schaltung von Stellenangeboten in diversen Printmedien. Dieser Punkt ist für viele Unternehmen ausschlaggebend für die Nutzung von Twitter, um Stellenangebote über diesen Dienst zu kommunizieren.

Eine weitere Eigenschaft von Twitter, die die Unternehmen dazu verleitet dieses Netzwerk zu nutzen, ist die Möglichkeit die gewünschte Zielgruppe direkt ansprechen zu können. Dies ist ein großer Vorteil, der es den Unternehmen ermöglicht das Stellenangebot an genau die benötigte Zielgruppe anzupassen und so das Interesse dieser Nutzer zu erwecken. Im Falle der Suche nach einem Mitarbeiter für die Softwareentwicklung, kann durch den Einsatz geeigneter Hashtags und durch ein geeignetes Vorgehen, eine IT-affine Nutzergruppe angesprochen werden, der im

22

besten Fall auch potenzielle neue Mitarbeiter angehören. So kann ein Unternehmen ohne großen Aufwand zu betreiben die passenden und gewünschten Nutzer im Twitternetzwerk kontaktieren und das Stellenangebot den richtigen Nutzern unterbreiten.

Einige Unternehmen sehen in Twitter auch eine Möglichkeit zum Employer Branding. Dieses Employer Branding ist eine unternehmensstrategische Maßnahme, um die Attraktivität eines Unternehmens als Arbeitgeber zu steigern. Dabei werden die besonderen Eigenschaften des Unternehmens erarbeitet und nach außen hin kommuniziert.[19] Twitter bietet dafür eine gute Plattform, da die Vorzüge des Unternehmens einfach kommuniziert und denjenigen, die sich für die Job-Tweets eines Unternehmens interessieren, näher gebracht werden können. Dabei kann es sich bei diesen Vorzügen auch um positive Meldungen über das Unternehmen handeln, die dieses Unternehmen als attraktiven Arbeitgeber erscheinen lassen.

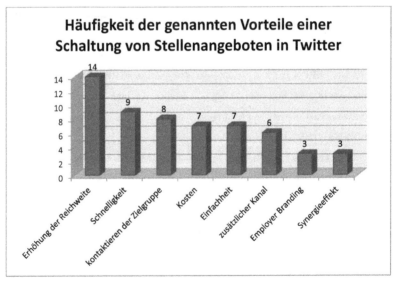

Abb. 3-2 :   Häufigkeit der genannten Vorteile

[19] Vgl. Stotz, Wedel (2009), S. 8-12.

All diese Vorteile zusammengenommen führen dazu, dass immer mehr Unternehmen die Vorzüge von Twitter erkennen und diese auch nutzen. Die Stellenangebote nur über Twitter zu veröffentlichen ist allerdings noch nicht ausreichend und effizient genug, da solche Job-Tweets, verglichen mit der Schaltung von Stellenangeboten in anderen Medien oder Jobbörsen, zur Zeit noch eine geringe Reichweite haben. Dieser Aspekt ist auch den Unternehmen bekannt, weshalb sie, trotz der unverkennbaren Vorzüge wie Schnelligkeit, Einfachheit, Kostengünstigkeit und der Möglichkeit die gewünschte Zielgruppe direkt anzusprechen, in Twitter lediglich einen zusätzlichen Kanal zur Steigerung der Reichweite von Stellenangeboten sehen und weiterhin entweder hauptsächlich auf andere Methoden setzen oder Twitter im Rahmen einer Crossmedia Kampagne einsetzen.

3.2   Reagierende Nutzergruppen

Über Twitter werden die verschiedensten Nutzer erreicht. Dabei unterscheiden sie sich nicht nur in Alter und Geschlecht, sondern auch in ihrer Ausbildung und in ihren Qualifikationen und Erfahrungen. Diese Nutzer reagieren auf die Job-Tweets und bewerben sich auf die angebotene Stelle. Trotz der Unterschiede zwischen den Nutzern, ist es möglich sie zu clustern und so die Eigenschaften zu bestimmen, die der durchschnittliche Bewerber, der über Twitter auf das Stellenangebot aufmerksam geworden ist, hat. Dabei ist es wichtig hervorzuheben, dass sich diese Nutzer auf eine Arbeitsstelle in der Softwareentwicklung bewerben. Anhand des Fragebogens wurden die Unternehmen nach diesen Bewerbern befragt. Als Ergebnis lässt sich dabei festhalten, dass der typische Bewerber, der über Twitter auf ein Stellenangebot in der Softwareentwicklung aufmerksam geworden ist, von männlichem Geschlecht und zwischen 20 und 29 Jahre alt ist, einen Hochschulabschluss hat und ein Informatik-orientiertes Studium absolvierte. Diese Schlussfolgerung lässt sich aus den Umfrageergebnissen ziehen.

Bei der Frage nach dem Geschlecht der Bewerber, gaben die Unternehmen an, dass lediglich 12,7% der Bewerber weiblich und 87,3% demnach männlich sind. Dieses recht deutliche Ergebnis zeigt einmal mehr, dass die Softwareentwicklung immer noch eine

Männerdomäne ist, für die sich Frauen weniger interessieren. Es ist ein von Männern dominierter Bereich, was sich eben auch in den Umfrageergebnissen wiederspiegelt. Ein ähnlich klares Ergebnis liefert die Frage nach dem Alter der Bewerber. Hier sind laut den Umfrageergebnissen 68,8% der Bewerber zwischen 20 und 29 Jahre alt. Diese klare Mehrheit ist zum Teil darauf zurückzuführen, dass ein Großteil der Twitternutzer ebenfalls zu dieser Altersgruppe gehört.[20] Verstärkend kommt die Tatsache hinzu, dass Studenten, die gerade ihr Studium beendet haben in der Regel ebenfalls zu dieser Altersgruppe gehören und die Mehrheit der Bewerber Hochschulabsolventen sind. Doch dazu später mehr.[21] Mit nur 11,3% ist der Anteil der unter 20 jährigen Bewerber gering, da in diesem Alter noch keine ausreichende Ausbildung vorliegt. Der höchste Abschluss, den die meisten in diesem Alter erreicht haben, ist die allgemeine Hochschulreife. Dieser Abschluss genügt für die meisten über Twitter veröffentlichten Stellenangebote jedoch nicht. Ebenso gering, im Vergleich zum Anteil der 20 bis 29 jährigen, ist der Anteil der zwischen 30 und 39 jährigen Bewerber mit 18,6%. Eine naheliegende Begründung für den geringen Anteil dieser Altersgruppe ist, dass es, verglichen mit den 20 bis 29 jährigen Nutzern, in dieser Altersgruppe weniger Arbeitssuchende gibt.[22] Darüber hinaus finden sich insgesamt auch weniger Twitternutzer in diesem Alter.[23] Die klare Minderheit unter den Bewerbern sind die über 40 jährigen Nutzer. Hierzu gehören lediglich 1,3% der Bewerber. Wie auch bei den 30 bis 39 jährigen Nutzern, ist der Anteil der Arbeitssuchenden bei den über 40 jährigen geringer, genauso wie der Anteil der Twitternutzer in diesem Alter.[24] Doch ausschlaggebend ist die geringe Internetaffinität bei über 40 jährigen.[25] Mit steigendem Alter sinkt die Bereitschaft, sich mit dem Internet und Online Medien, dazu gehört auch Twitter, auseinanderzusetzen. Demzufolge ist die Anzahl Bewerber in diesem Alter am geringsten.

---

[20] Vgl. PewInternet (2009), S. 2.

[21] Näheres dazu siehe S. 22-23.

[22] Vgl. Bundesagentur für Arbeit (2010), S. 61-63.

[23] Vgl. PewInternet (2009), S. 2.

[24] Vgl. Bundesagentur für Arbeit (2010), S. 61-63 und PewInternet (2009), S. 2.

[25] Vgl. AGOF (2011), S. 9.

25

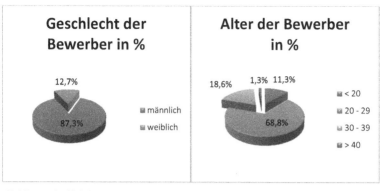

Abb. 3-3 :   Geschlecht der Bewerber   Abb. 3-4 :   Alter der Bewerber

Ein weiterer Aspekt, der mit Hilfe der Umfrage hinterfragt wurde, ist die Ausbildung der Bewerber. Wie bereits erwähnt, gaben die befragten Unternehmen an, dass die Bewerber größtenteils einen Hochschulabschluss haben. 64,7% der Bewerber haben demnach einen Bachelor- oder Master-Abschluss oder ein Diplom. Dabei unterscheiden sich die Anteile der verschiedenen Abschlüsse teilweise stark voneinander. 20,7% haben einen Bachelor-Abschluss, 13,3% sind Master Absolventen und 26% haben ein Diplom. Interessant ist auch der Anteil von Bewerbern mit der allgemeinen Hochschulreife. Nach Angaben der Unternehmen liegt der Anteil dieser Bewerber bei 25,3%. Eine erstaunliche Zahl, da der Anteil der unter 20 jährigen Bewerber lediglich 14% beträgt. Diese Diskrepanz zwischen beiden Anteilen lässt darauf schließen, dass einige Bewerber die schulische Ausbildung nicht wie üblich mit 19 Jahren beendet oder sich nicht sofort nach Erhalt der allgemeinen Hochschulreife auf die Stelle beworben haben, sondern sich mindestens ein Jahr Zeit gelassen haben. Möglicherweise haben diese Abiturienten auch erst eine Ausbildung abgeschlossen, bevor sie sich auf die Stelle beworben haben. So wurden sie bei der Erhebung nicht zu der für Abiturienten üblichen Altersgruppe von unter 20 jährigen gezählt.

Abschlüsse der Bewerber in %

25,3% 10,0%

64,7%

- Hochschulabschluss
- allg. Hochschulreife
- andere

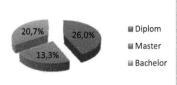

Art der Hochschulabschlüsse der Bewerber in %

20,7% 26,0%

13,3%

- Diplom
- Master
- Bachelor

Abb. 3-6 :   Abschlüsse der Bewerber   Abb. 3-5 :   Art der Hochschulabschlüsse

Da die Mehrheit der Bewerber einen Hochschulabschluss hat, stellt sich die Frage, welchen Studiengang diese Bewerber absolviert haben. Die Umfrage hat ergeben, dass 69,3% der Bewerber mit Hochschulabschluss ein Informatik orientiertes Studium absolviert haben. Darunter zählen die Studienfächer Informatik, Wirtschaftsinformatik und Medieninformatik. 16% der Bewerber haben Betriebswirtschaftslehre studiert und die restlichen ca. 15% verteilen sich nahezu gleichermaßen auf die Studiengänge Volkswirtschaftslehre, Sozialwissenschaften und andere, nicht weiter spezifizierte Studiengänge. Diese Verteilung ist allerdings nicht verwunderlich, angesichts der Tatsache, dass hier nur Stellenangebote zu Softwareentwicklung betrachtet wurden.

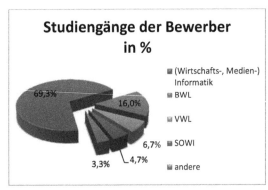

Studiengänge der Bewerber in %

69,3%

16,0%

6,7%

3,3%   4,7%

- (Wirtschafts-, Medien-) Informatik
- BWL
- VWL
- SOWI
- andere

Abb. 3-7 :   Studiengänge der Bewerber

3.3 Der Erfolg der Veröffentlichung von Stellenangeboten in Twitter

Nachdem in den vorangegangenen Kapiteln die Vorteile von Job-Tweets verdeutlicht und die typischen Eigenschaften der reagierenden Nutzer ermittelt wurden, wird nun der Erfolg der auf Twitter veröffentlichten Stellenangebote betrachtet. Für diesen Zweck wurden die Unternehmen gefragt ob die Anzahl der Bewerber durch Twitter gestiegen ist und wie viele der Bewerber durch Twitter auf das Stellenangebot aufmerksam geworden sind. Darüber hinaus sollten die Unternehmen angeben, ob diese Bewerber anders behandelt werden und wie oft solch ein Bewerber auch tatsächlich eingestellt wird.

Abb. 3-8 : Veränderung der Bewerberzahl durch Verwendung von Twitter

Die Umfrageergebnisse sind eindeutig und verstärken die Hypothese, dass die Veröffentlichung von Stellenangeboten auf Twitter zurzeit noch keinen ausreichenden Erfolg erzielt und nur in einer Crossmedia Kampagne unterstützend zu anderen, erfolgversprechenderen Medien, eingesetzt werden sollte. Diese Schlussfolgerung kann gezogen werden, da die Unternehmen keine signifikante Steigerung der Bewerberzahl bemerkten, nachdem die Stellenangebote auf Twitter veröffentlicht wurden. Auf die Frage hin, ob die Anzahl gestiegen ist, gaben 54% der Unternehmen an, dass die Anzahl der Bewerber unverändert geblieben ist. Die restlichen 46% haben eine geringfügige Steigerung bemerkt. Kein einziges Unternehmen sah eine deutliche Steigerung in der Anzahl der Bewerber. Ein Grund für dieses Ergebnis könnte die unterschiedliche Followeranzahl der Unternehmen sein. Betrachtet man diese, so stellt man fest, dass die Unternehmen, die keine Veränderung in der Bewerberzahl sahen, wenig Follower haben. Mit durchschnittlich 143 Followern haben diese Unternehmen eine verhältnismäßig geringe Reichweite. Eine höhere Reichweite, mit durchschnittlich

905 Followern, haben die Unternehmen, die eine geringfügige Steigerung bemerkten. Darüber hinaus ist Twitter in erster Linie keine Plattform, die Arbeitssuchende nutzen um Stellenangebote einzuholen. Eine Arbeitssuche über Twitter ist unkonventionell und im Moment noch nicht erfolgsversprechend genug, weshalb Arbeitssuchende zunächst auf andere Medien zurückgreifen und so keine deutliche Steigerung der Bewerberzahl vermerkt werden kann.

Kaum ein Bewerber wird über Twitter auf ein Stellenangebot aufmerksam. So gab die Mehrheit der befragten Unternehmen an, dass nur 10% ihrer Bewerber das Stellenangebot über Twitter bemerkten. 23% der befragten Unternehmen gaben sogar an, dass keiner der Bewerber über Twitter auf das Stellenangebot aufmerksam geworden ist. Wenn kaum jemand das Stellenangebot über Twitter wahrnimmt, kann keine signifikante Steigerung der Bewerber vorliegen. Auch hier liegt der Grund hauptsächlich darin, dass Twitter keine typische Plattform zur Arbeitssuche ist. Trotz der womöglich hohen Reichweite der Job-Tweets werden nicht die richtigen Personen erreicht.

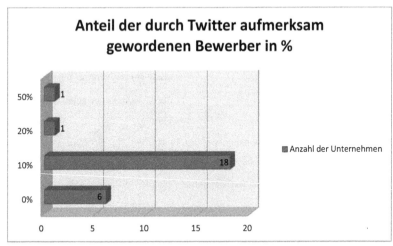

Abb. 3-9 :   Anteil der Bewerber, die durch Twitter auf das Stellenangebot aufmerksam wurden

Was geschieht aber, wenn ein Bewerber tatsächlich über Twitter auf ein Stellenangebot aufmerksam wurde? Wird er anders behandelt als andere Bewerber?

Hier gaben alle befragten Unternehmen einheitlich an, dass alle Bewerber gleich behandelt werden, egal wo und wie sie auf das Stellenangebot aufmerksam wurden. Es gibt keine Sonderbehandlung für Bewerber die das Stellenangebot auf Twitter bemerkt haben, da sich alle Bewerber demselben Bewerbungsprozess unterziehen müssen und auf dasselbe Bewerbungsportal verwiesen werden. Es spielt also keine Rolle für die Unternehmen, wie ein Bewerber auf eine offene Stelle aufmerksam wurde. Sie werden nach objektiven Gesichtspunkten und anhand der Qualifikation ausgewählt.

Trotz der Gleichbehandlung der Bewerber gaben 50% der befragten Unternehmen an, dass bisher kein Bewerber eingestellt wurde, der durch Twitter auf eine Stelle aufmerksam wurde. Haben die Unternehmen die Fragen wahrheitsgemäß beantwortet, wovon an dieser Stelle ausgegangen wird, bedeutet das, dass diese Bewerber nicht qualifiziert genug für die zu vergebende Stelle waren. Eine Erkenntnis, die die Annahme verstärkt, dass Twitter für die Rekrutierung qualifizierter Mitarbeiter nicht geeignet ist, da anscheinend überwiegend nicht ausreichend qualifizierte Personen erreicht werden. Twitter ist in erster Linie ein Informationsnetzwerk und keine Plattform um professionell nach Stellenangeboten zu suchen. Das ist der Grund, wieso qualifizierte Arbeitssuchende dort nicht erreicht werden.

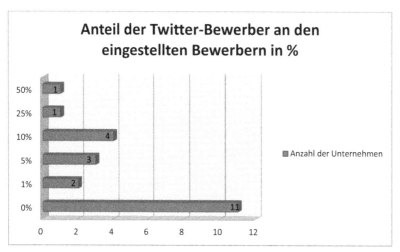

Abb. 3-10 : Anteil der eingestellten Bewerber, die durch Twitter auf das Stellenangebot aufmerksam wurden

Zusammenfassend kann also bemerkt werden, dass sich der Erfolg von Job-Tweets in Grenzen hält. Nicht nur, dass nahezu kein Anstieg der Bewerberzahl zu bemerken ist, es werden auch nicht die richtigen Zielgruppen erreicht. Kaum ein Bewerber wurde über Twitter auf das Stellenangebot aufmerksam und wenn doch, war er nicht qualifiziert genug. Twitter ist demnach keine Alternative zu anderen Medien oder Jobbörsen, sondern kann bestenfalls als ein unterstützendes Medium in einer Crossmedia Kampagne angesehen werden, das für die Arbeitssuche momentan noch ausbaufähig ist. Nichtsdestotrotz bringt es ein großes Potenzial mit sich, da die dort veröffentlichten Stellenangebote eine hohe Reichweite erzielen können. Allein ausreichend qualifizierte Nutzer fehlen, um aus Twitter eine echte Alternative für die Arbeitssuche zu machen.

4. Alternative Vorgehensweisen zur Steigerung der Effizienz

In den vorherigen Kapiteln wurden die verschiedenen Vorgehensweisen der Unternehmen bei der Veröffentlichung von Job-Tweets kennengelernt und deren Effizienz analysiert. Dabei lässt sich berechtigterweise die Frage stellen, ob es nicht alternative Vorgehensweisen gibt, die die Effizienz von Job-Tweets weiter erhöhen?

Wie kann die Aufmerksamkeit von potenziellen Bewerbern stärker erregt werden? Wie kann es ein Unternehmen bewerkstelligen, dass sich die Anzahl von Bewerbern auf eine offene Stelle erhöht und wie lässt sich die Reichweite eines Job-Tweets und die Qualität der Bewerber steigern?

An dieser Stelle werden drei Möglichkeiten einer alternativen Vorgehensweise vorgestellt, die alle drei dasselbe Ziel verfolgen: Die Steigerung der Effizienz von Job-Tweets.

Eine Steigerung der Effizienz kann erzielt werden, indem zum einen die Reichweite der Job-Tweets, und somit auch die Bewerberzahl, und zum anderen die Anzahl qualifizierter Bewerber erhöht wird. Die erste hier vorgestellte Alternative zeigt weitere Vorgehensweisen, die die Reichweite eines Job-Tweets steigern, die zweite zielt darauf ab, qualifiziertere Bewerber zu gewinnen. In der dritten und letzten Alternative wird das AFBA-Modell verdeutlicht, welches von mir im Rahmen dieser Arbeit entwickelt wurde und dazu dient, den optimalen Job-Tweet zu erstellen.

4.1 Alternative Vorgehensweisen zur Steigerung der Reichweite

Im Verlauf dieser Arbeit wurden bereits einige Punkte genannt, die zur Erhöhung der Reichweite von Job-Tweets beitragen. Diese Punkte werden bereits von den Unternehmen angewandt. Hier werden nun einige weitere Vorgehensweisen vorgestellt, die bei der Maximierung der Reichweite helfen. Ein wichtiges Unterfangen, da die Anzahl Bewerber mit der Reichweite wächst.

Eine vielversprechende Möglichkeit, viele Interessenten auf einmal zu erreichen, bieten die Hashtags. Dabei sollte zunächst untersucht werden, welche Hashtags vermehrt in Tweets vorkommen. Neben den bereits erwähnten Hashtags *#job* und *#jobs*, können weitere eingesetzt werden, die das Interesse am Unternehmen und am Stellenangebot steigern. Mögliche Hashtags wären beispielsweise *#software* oder auch *#softwareentwicklung*. Bei einem bekannten Unternehmen empfiehlt es sich, den Namen des Unternehmens als Hashtag einzusetzen. Dabei sollte aber darauf geachtet werden, dass nicht zu viele Hashtags eingesetzt werden, da man immer noch an die Limitierung von 140 Zeichen pro Tweet gebunden ist und diese nicht leichtfertig verschwenden sollte.

Eine weitere Maßnahme um Follower zu gewinnen und so die Reichweite der Job-Tweets zu erhöhen ist es, über aktuelle Geschehnisse zu twittern. Natürlich sollte dies über denselben Account passieren, über den auch die Job-Tweets veröffentlicht werden. Durch das Twittern über aktuelle Thematiken wird ein Nutzer attraktiv für andere Nutzer und mit der steigenden Attraktivität steigt die Anzahl der Follower. Die eigenen Follower sollten darüber hinaus durch gelegentliche Konversationen an das Unternehmen gebunden werden, um sie nicht zu verlieren. Vorteilhafter wäre es dabei, besonderen Wert auf die Follower zu legen, die selber eine große Anzahl an Follower haben. Diese Follower stellen das größte Potenzial zur Erhöhung der Reichweite der eigenen Tweets dar. Ein Retweet reicht, um die Reichweite eines Tweets massiv zu steigern. Dabei sollte nicht davor zurückgeschreckt werden, die eigenen Follower direkt anzuschreiben und sie zu bitten, die Job-Tweets zu retweeten. Außerdem werden durch Konversationen bzw. Diskussionen mit anderen Nutzern neue Follower gewonnen, da die Follower des Konversationspartners so auf einen selbst aufmerksam werden.

Mit Hilfe der Jobbörsen, die über Twitter auf ihre Plattform aufmerksam machen wollen, lässt sich die Reichweite der Job-Tweets weiter steigern. Es ist sinnvoll eine Kooperation mit diesen Jobbörsen einzugehen, sodass der Job-Tweet von den Jobbörsen retweetet werden kann. Zusätzlich dazu kann das Stellenangebot noch auf der Plattform der jeweiligen Jobbörse eingestellt werden. Im Gegenzug dazu kann das Unternehmen seine Follower auf die Jobbörse aufmerksam machen, beispielsweise durch einen Retweet eines Tweets der Jobbörse oder durch eine simple Erwähnung[26] dieser. Sollte es eine non-reziproke Kooperation sein, muss das Unternehmen sogar keine Gegenleistung erbringen. In diesem Fall wird alleine von den Jobbörsen eine Leistung erbracht. Aus einer reziproken Kooperation ziehen also beide Parteien ihre Vorteile. Die Unternehmen profitieren davon, dass die kooperierenden Jobbörsen die Reichweite der Job-Tweets steigern und das Stellenangebot auf ihrer Plattform einstellen, wohingegen die Jobbörsen davon profitieren, dass die Unternehmen ihre Follower auf die Jobbörse aufmerksam machen und so die Bekanntheit selbiger steigern. Solche Kooperationen können natürlich mit mehreren Jobbörsen eingegangen werden, wobei non-reziproke Kooperationen bevorzugt werden sollten, da die Glaubwürdigkeit des eigenen Unternehmens unter Umständen darunter leiden kann, wenn vermehrt auf unterschiedliche Jobbörsen verwiesen wird. Diese Vorgehensweise hat ihren Ursprung im Online-Marketing. Dort wird eine ähnliche Methode beim Linktausch[27] verwendet, deren Ziel es ebenfalls ist, die eigene Aufmerksamkeit durch Kooperation mit anderen Unternehmen zu steigern. Dabei wird auf der Homepage des eigenen Unternehmens ein anderes, meist nicht auf derselben Wirtschaftsstufe agierendes Unternehmen beworben und vise versa.

Um die Reichweite der Job-Tweets zu steigern und so die Anzahl der Bewerber zu fördern, sollte also darauf geachtet werden, die Interessenten nicht voreilig zu filtern. Die Angabe des Einsatzortes sollte umgangen werden, genauso wie die Angaben zu benötigten Qualifikationen und anderer Anforderungen. Ein simpler Tweet mit der Stellenbezeichnung, ein oder zwei geeigneter Hashtags und einem Link zum Bewerbungsportal genügt. Dabei sollte der Job-Tweet über einen Account versendet werden, über den auch aktuelle Geschehnisse kommentiert und Diskussionen mit den Followern geführt werden. Gleichzeitig sollte dabei ein besonderer Wert auf Follower gelegt werden, die selber eine große Anzahl Follower haben. Es sollte, wenn möglich, kein Account genutzt werden, über den ausschließlich Stellenangebote veröffentlicht

---

[26] Bei einer *Erwähnung* wird das Profil eines anderen Nutzers über ein @-Zeichen im Tweet verlinkt. Jeder beliebige Leser gelangt so mit einem Klick auf die Profilseite des verlinkten Nutzers.

[27] Bei einem *Linktausch* kooperieren zwei oder mehr Unternehmen miteinander und verlinken sich gegenseitig auf der jeweiligen Webseite. Das primäre Ziel solch einer Kooperation ist die Steigerung des Bekanntheitsgrades.

werden. Dieser Account kann dann dafür verwendet werden, Kooperationen mit diversen Jobbörsen einzugehen, wobei non-reziproke Kooperationen immer bevorzugt werden sollten.

Neben den bereits vorgestellten Vorgehensweisen der Unternehmen, bieten die hier gezeigten Methoden weitere Möglichkeiten, die Reichweite eines Job-Tweets zu erhöhen.

4.2 Alternative Vorgehensweisen zur Gewinnung qualifizierter Bewerber

Die Erhöhung der Reichweite eines Job-Tweets ist kein sonderbar schweres Unterfangen. Wesentlich schwieriger gestaltet sich die Suche nach Methoden, um qualifiziertere Bewerber über Twitter zu gewinnen. Wie die Umfrageergebnisse gezeigt haben, stellt dieser Aspekt auch das größte Defizit bei der Rekrutierung neuer Mitarbeiter über Twitter dar. Zum einen liegt es daran, dass die Unternehmen nahezu nichts für die Sicherung der Qualität der Bewerber unternehmen, zum anderen liegt es einfach am Wesen der Plattform Twitter. Diese ist, wie bereits erwähnt, nicht die erste Anlaufstelle für jemanden, der eine neue Anstellung sucht und besonders nicht für qualifizierte Personen. Doch trotz dieser Schwierigkeiten, gibt es einige Maßnahmen, die dafür sorgen könnten, dass sich qualifizierte Bewerber über Twitter finden lassen.

Der einfachste Weg, die Qualität der Bewerber zumindest in einem geringen Maße zu steigern wurde bereits vorgestellt. Durch verschiedene Angaben, wie dem Einsatzort oder diversen Anforderungen, erfolgt eine Filterung der Interessenten. Im besten Fall bewerben sich danach nur noch diejenigen, die die Anforderungen auch tatsächlich erfüllen. Allerdings wird nicht gewährleistet, dass dies auch wirklich eintrifft. Es müssen Maßnahmen getroffen werden, die dafür sorgen, dass die Bewerber die Anforderungen auch wirklich erfüllen. Erreicht werden kann dies durch eine spezielle Behandlung der Bewerber, die über Twitter das Stellenangebot bemerkt haben. Die Umfrageergebnisse haben gezeigt, dass solch eine spezielle Behandlung seitens der Unternehmen nicht vorliegt, weshalb dort das größte Potenzial zur Sicherung der Qualität der Bewerber steckt.

Solch eine Behandlung kann zum Beispiel darin resultieren, dass die Bewerber auf eine eigens für sie konzipierte Landingpage weitergeleitet werden und nicht, wie bisher, auf das Bewerbungsportal des Unternehmens, auf das alle Bewerber zugreifen. Diese spezielle Landingpage kann durchaus wie das normale Bewertungsportal gestaltet werden, allerdings sollte dabei ein besonderes Augenmerk darauf gelegt werden, dem Bewerber erneut die Anforderung vor Augen zu führen und ihn darauf aufmerksam zu machen, dass er sich nur dann bewerben soll, wenn er alle Anforderungen erfüllt. Der Bewerber soll dezent darauf hingewiesen werden, dass er keine Chance auf eine Anstellung hat, sollte er die benötigten Qualifikationen nicht vorweisen können. Unter Umständen kann während des Bewerbungsprozesses auf dem Bewerbungsportal darauf bestanden werden bestimmte Unterlagen vorzuweisen, die die Qualifikation des Bewerbers bescheinigen. Kann der Bewerber diese Unterlagen, wie z.B. bestimmte Zertifikate, nicht vorweisen, wird ihm die Möglichkeit, sich auf diese Stelle zu bewerben, verweigert. Eine etwas rabiatere Methode, die allerdings die Qualität der Bewerber sicher gewährleisten würde, wäre ein Einstufungstest, den die Interessenten bestehen müssen, bevor sie sich auf die offene Stelle bewerben dürfen. Dadurch kann getestet werden, ob die Interessenten auch wirklich für diese Stelle geeignet sind. Dieser Test soll keinen eventuellen Einstellungstest ersetzen, sondern wird ergänzend zur Qualitätssicherung eingesetzt. Wollen die Unternehmen nur einen Test durchführen, so kann natürlich vom Einstufungstest abgesehen werden. Dann sollten allerdings zwei verschiedene Einstellungstests durchgeführt werden. Einer für diejenigen, die sich über Twitter bewerben und einer für die restlichen Bewerber. Der Test für die Bewerber, die durch Twitter auf das Stellenangebot aufmerksam wurden, sollte dabei primär darauf abzielen zu überprüfen, ob der Bewerber die geforderten Qualifikationen erfüllt.

Neben der speziellen Behandlung der Bewerber gibt es eine weitere Methode, die die Unternehmen anwenden können. Dabei werden die Nutzer identifiziert und beobachtet, die sich in Twitter vermehrt zur Softwareentwicklung und ähnlichen Thematiken äußern. Nach einer gewissen Beobachtungszeit wird mit diesen Nutzern eine Interaktion in Form einer Diskussion gestartet, die dazu dient festzustellen, ob der Nutzer für eine Anstellung geeignet ist. Bei Gefallen kann dem Nutzer das

Stellenangebot unterbreitet werden. So wird das Stellenangebot keiner breiten Masse angeboten, sondern ausgewählten Nutzern, die dem Unternehmen zuvor aufgefallen sind. Diese Nutzer werden dann im weiteren Bewerbungsprozess getestet und der optimale Anwärter ausgewählt. Diese Methode kann natürlich nicht gewährleisten, dass der angesprochene Nutzer alle benötigten Qualifikationen besitzt, doch werden auf diese Weise Personen angesprochen, die im Bereich der Softwareentwicklung ein gewisses Maß an Vorwissen vorweisen, das unter Umständen ausreichend für eine Anstellung ist.

Auch hier, bei der Suche nach alternativen Vorgehensweisen zur Steigerung der Anzahl qualifizierter Bewerber, zeigt sich erneut, dass Twitter nicht zwingend die geeignetste Plattform für die Rekrutierung neuer Mitarbeiter ist. So können zwar qualifizierte Personen erreicht werden, doch ist die Prozedur äußerst mühselig und nicht unbedingt erfolgreich genug. Der Aufwand, der extra betrieben werden muss um die wenigen qualifizierten Nutzer in Twitter zu erreichen ist enorm. Bevor die Unternehmen diese Aufgabe in Angriff nehmen, sollten sie sich zunächst überlegen, ob es überhaupt lohnenswert für sie ist.

4.3 Das AFBA-Modell

Das von mir konzipierte AFBA-Modell zeigt in vier Schritten, wie der optimale Job-Tweet erstellt und aufgebaut werden sollte. Dabei werden die Methoden und Mechanismen, die in dieser Arbeit vorgestellt wurden kombiniert, sodass eine ausreichend große Reichweite erzielt und gleichzeitig auch auf die Qualität der Bewerber geachtet wird.

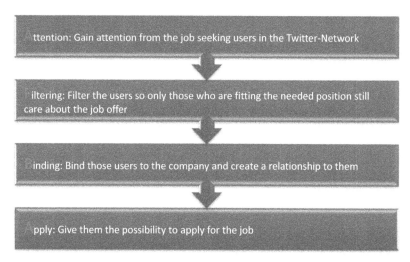

Abb. 4-1 :   Das AFBA-Modell

Im ersten Schritt bei der Erstellung eines Job-Tweets liegt der Fokus auf der Gewinnung von Aufmerksamkeit. Da ohne genügend Aufmerksamkeit kein ausreichender Erfolg erzielt werden kann, ist dieser Schritt auch der Wichtigste. Dabei gibt es zwei Mechanismen, auf die besonders viel Wert gelegt werden sollte. Der erste Mechanismus ist das Einsetzen von Hashtags, *#job* oder *#jobs*, wodurch der Job-Tweet die Aufmerksamkeit der arbeitssuchenden Nutzer über Twitter gewinnt. Weitere Hashtags sollten ebenfalls eingesetzt werden. So kann man z.B. den Unternehmensnamen oder die Stellenbezeichnung als Hashtag umfunktionieren. Der zweite Mechanismus ist das Retweeten der Job-Tweets. Durch das Retweeten des Job-Tweets durch einen anderen Nutzer gewinnt der Tweet immens an Aufmerksamkeit. Deshalb sollte dafür gesorgt werden, dass der Job-Tweet von so vielen Nutzern wie nur möglich retweetet wird. Dabei sollte nicht davor zurückgeschreckt werden, Nutzer mit vielen Followern direkt anzusprechen und sie zu bitten, den Job-Tweet zu retweeten. Diese beiden Mechanismen zusammen angewandt sorgen für ausreichend Aufmerksamkeit. Will man diese jedoch weiter erhöhen, sollte man eine Kooperation mit den vielen, auf Twitter zu findenden, Jobbörsen in Betracht ziehen. Diese Jobbörsen erfreuen sich im Twitternetzwerk einer regen Gefolgschaft, weshalb ein Retweet von einer Jobbörse äußerst förderlich für die Aufmerksamkeit eines Job-

Tweets ist. Eine Kooperation hätte dabei nicht nur den Retweet als Folge, sondern würde das Stellenangebot ebenfalls auf der Plattform der jeweiligen Jobbörse veröffentlicht werden.

Der nächste Schritt auf dem Weg zum perfekten Tweet wäre die Filterung der Interessenten. Dies geschieht hauptsächlich durch zwei Arten von Angaben. Die erste Angabe ist die des Einsatzortes. Dadurch werden nur die Nutzer angesprochen, die nicht abgeneigt sind an diesem Einsatzort zu arbeiten. Die zweite Art umfasst sämtliche Angaben zu benötigten Qualifikationen und zum benötigten Know-How für diese Stelle. Dabei kann es sich z.B. um Angaben zu benötigten Programmierkenntnissen handeln, oder auch um Angaben zu bestimmten Bereichen, in denen der Bewerber versiert sein muss.

Der dritte Schritt, der beachtet werden muss, ist das Binden der Interessenten an das Unternehmen. Das geschieht durch ein direktes Ansprechen der Nutzer im Job-Tweet, ebenso wie durch eine legere Ausdrucksweise in selbigem. Da dieses Verhalten eine lockere und gesellige Arbeitspolitik im Unternehmen suggeriert, steigt die Attraktivität des Unternehmens und aus den Interessenten werden Bewerber. Abseits des Job-Tweets sollte das Unternehmen, wenn möglich, über denselben Account, über den auch die Job-Tweets veröffentlicht werden, aktuelle Geschehnisse kommentieren und positive Meldungen zum Unternehmen veröffentlichen. Dadurch wird das Unternehmen noch attraktiver und die Interessenten entwickeln eine stärkere Bindung zum Unternehmen.

Im vierten und letzten Schritt wird den Interessenten schlussendlich die Möglichkeit gegeben, sich zu bewerben. Dabei variiert die Vorgehensweise, je nachdem, welchen Weg das Unternehmen einschlagen möchte. Behandelt das Unternehmen alle Bewerber gleich, wird im Job-Tweet ein Link auf das Bewerbungsportal des Unternehmens gesetzt, in dem eine ausführliche Stellenbeschreibung und alle anderen nötigen Informationen zu finden sind. Der zweite Weg wäre den Interessenten direkt auf die Online-Bewerbung zu verweisen. Möchte das Unternehmen zwischen den Bewerbern, die über Twitter auf das Stellenangebot aufmerksam wurden, und den restlichen Bewerbern unterscheiden, wird im Job-Tweet entweder der Link zur speziellen Landingpage oder zum Einstufungstest gesetzt. Damit schließt der Job-Tweet.

Im Folgenden werden einige Mustertweets vorgestellt, die das Prinzip des AFBA-Modells befolgen:

Nr.	Tweet
1	Wir bieten dir einen #job in der #softwareentwicklung an! Einsatzort: #köln Bewirb dich jetzt bei uns: http://"platzhalter" (123 Zeichen)
2	Du bist auf #jobsuche in #köln und beherrschst #php ? Wir suchen dich für unsere #softwareentwicklung ! Bewirb dich: http://"platzhalter" (137 Zeichen)
3	Bitte um RT! Wir suchen für #köln dringend #softwareentwickler mit #java Kenntnissen ! Hier bewerben: http://"platzhalter" (123 Zeichen)
4	An alle #job suchenden: Wir suchen euch! Ihr sprecht #java ? Dann bewerbt euch für unsere #IT -Abteilung in #köln http://"platzhalter" (134 Zeichen)
5	#software spezialisten aufgepasst: Wir suchen #it -pros in #köln . #php & #java sind euch nicht fremd? Jetzt bewerben: http://"platzhalter" (139 Zeichen)

Tab. 4-1:   Beispiele für optimale Tweets nach dem AFBA-Modell

Durch die Hashtags und die Aufforderung zum Retweeten wird Aufmerksamkeit gewonnen, durch die Angabe des Einsatzortes und der benötigten Qualifikationen werden die Interessenten gefiltert, durch die lockere Ausdrucksweise steigt die Attraktivität des Unternehmens und über den eingebauten Link kann sich der Interessent bewerben.

Anhand dieser vier simplen Schritte, wird der ideale Job-Tweet erstellt. Befolgt man die Schritte, wird eine ausreichend große Reichweite erzielt, ohne die Suche nach qualifizierten Bewerbern zu vernachlässigen.

5. Fazit und Ausblick

Im Zuge dieser Bachelorarbeit wurden die Job-Tweets auf ihren inhaltlichen Aufbau und auf ihre Effizienz hin untersucht. Die reagierenden Nutzergruppen wurden identifiziert und der typische Bewerber ermittelt. Es wurden alternative Vorgehensweisen vorgestellt und ein Modell zur Erstellung von optimalen Job-Tweets konzipiert.

Die Ergebnisse dieser Arbeit führen zu dem ernüchternden Fazit, dass sich eine Veröffentlichung von Stellenangeboten ausschließlich auf Twitter nicht lohnt und nicht erfolgsversprechend genug ist. Twitter stellt keine typische Plattform zur Jobsuche dar, weshalb sich qualifizierte Jobsuchende von ihr distanzieren. Dies stellt gleichzeitig das größte Problem für Unternehmen dar: über Twitter kann zwar die richtige Zielgruppe erreicht und eine große Reichweite der Job-Tweets erzielt werden, doch fehlen einfach die ausreichend qualifizierten Bewerber, wobei ohnehin nur eine geringfügige bis keine Steigerung der Bewerberzahl zu vermerken ist.

Lediglich in Kombination mit anderen, zur Rekrutierung neuer Mitarbeite eingesetzter Medien ist der Einsatz von Twitter sinnvoll und hilfreich. Dabei übernimmt Twitter eine unterstützende Funktion und kann, wie am Beispiel der *BMW Group* veranschaulicht, auf die anderen genutzten Medien aufmerksam machen und auf diese verweisen. Der Einsatz von Twitter in einer Crossmedia Kampagne scheint demnach am sinnvollsten zu sein. Als alleinstehendes Medium kann bei der Suche nach neuen Mitarbeitern zurzeit gänzlich auf Twitter verzichtet werden.

Auf der anderen Seite birgt Twitter allerdings auch ein großes Potenzial in sich. Die Job-Tweets können eine immens große Reichweite erzielen und direkt an die gewünschte Zielgruppe gerichtet werden. Alle Voraussetzungen, um eine echte Alternative bei der Suche nach neuen Mitarbeitern zu werden, sind damit gegeben. Einzig qualifizierte Bewerber fehlen momentan noch hierfür. Um diesem Problem entgegenzuwirken, können die in Kapitel 4.2 vorgestellten Vorgehensweisen eingesetzt, sowie die vier Schritte des AFBA-Modells befolgt werden. Darüber hinaus muss nach außen hin kommuniziert werden, dass Twitter auch für die Arbeitssuche genutzt werde kann. Die Nutzer müssen darauf aufmerksam gemacht werden, dass

Twitter viel mehr ist als nur eine Plattform zur Unterhaltung und zum lockeren Zeitvertreib. Dringt diese Information an die breite Masse, kann aus Twitter durchaus eine ernstzunehmende Plattform für die Jobsuche werden. Doch bis es soweit ist, sollte Twitter von den Unternehmen nur in Kombination mit anderen Medien in einer Crossmedia Kampagne zur Rekrutierung neuer Mitarbeiter eingesetzt werden. Twitter als ausschließliches Rekrutierungsmedium mangelt es derzeit noch an der nötigen Effizienz.

Literaturverzeichnis

Alby (2008)

> Tom Alby: WEB 2.0. Konzepte, Anwendungen, Technologien. 3. Aufl., München
> 2008

AGOF (2011)

> Arbeitsgemeinschaft   Online   Forschung: internet   facts   2011-04.
> http://www.agof.de/index.download.0424ce3df58fef5b91a2fb7af7fdbf8c.pdf,
> Abruf am 09.08.2011

Bundesagentur für Arbeit (2010)

> Bundesagentur für Arbeit: Amtliche Nachrichten der Bundesagentur für
> Arbeiten. Arbeitsmarkt 2010. http://statistik.arbeitsagentur.de/Statischer-
> Content/Arbeitsmarktberichte/Jahresbericht-Arbeitsmarkt-
> Deutschland/Generische-Publikationen/Arbeitsmarkt-2010.pdf,   Abruf   am
> 09.08.2011

Esch, Herrmann, Sattler (2008)

> Franz-Rudolf Esch, Andreas Herrmann, Henrik Sattler: Marketing. Eine
> managementorientierte Einführung. 2. Aufl., München 2008

Freeman (2004)

> Linton C. Freeman: The development of social network analysis. A study in the
> sociology of science. Vancouver 2004

Jansen (2006)

> Dorothea Jansen: Einführung in die Netzwerkanalyse. Grundlagen, Methoden,
> Forschungsbeispiele. 3. Aufl., Wiesbaden 2006

Laudon, Laudon, Schoder (2010)

> Kenneth C. Laudon, Jane P. Laudon, Detlef Schoder: Wirtschaftsinformatik. Eine
> Einführung. 2. Aufl., München 2010

PewInternet (2009)

> Amanda Lenhart, Susannah Fox: Twitter and status updating.
> http://www.pewinternet.org/~/media//Files/Reports/2009/PIP%20Twitter%20
> Memo%20FINAL.pdf, Abruf am 09.08.2011

Schenk (2007)

    Michael Schenk: Medienwirkungsforschung. 3. Aufl., Tübingen 2007

Stotz, Wedel (2009)

    Waldemar Stotz, Anne Wedel: Employer Branding. Mit Strategie zum bevorzugten Arbeitgeber. München 2009

Twitter (2011)

    Twitter: 200 million Tweets per day. http://blog.twitter.com/2011/06/200-million-tweets-per-day.html, Abruf am 30.06.2011

Wasserman, Faust (2009)

    Stanley Wasserman, Katherine Faust: Social Network Analysis. Methods and Applications. 18. Aufl., New York 2009

Weinberg (2009)

    Tamer Weinberg: The new community rules. Marketing on the social web. o.O. 2009

Wenger (1999)

    Etienne Wenger: Communities of practice: Learning, Meaning, and Identity. Learning in doing: Social, cognitive, and computational perspectives. 1. Pbk. Aufl., Cambridge 1999

www.ingramcontent.com/pod-product-compliance
Lightning Source LLC
Chambersburg PA
CBHW031231050326
40689CB00009B/1563